This Book Belongs To

_____
_____
_____
_____

Table Of Contents

How Many..02

Match The Number..............................07

Color By Number....................................12

Dot Markers...17

Dot To Dot..22

Coloring Pages......................................27

Shadow Matching.................................32

Maze Games..37

Maze Games Solutions....................42

word search..43

Word Search Solutions.....................48

Spot The Difference 49

Spot The Difference Solutions.......54

How Many Kiss

👄 👄 + 👄 = **3**

👄👄 + 👄👄 = ?

👄 + 👄👄👄 = ?

👄👄 + 👄👄👄 = ?

👄👄👄 + 👄👄 = ?

How Many Hart

♡ ♡ ♡ + ♡ = [?]

♡♡♡♡ + ♡♡ = [?]

♡♡ + ♡♡♡ = [?]

♡♡♡♡ + ♡♡ = [?]

♡♡♡♡♡ + ♡♡♡ = [?]

How Many Mug

2 + 3 = ?

5 + 2 = ?

3 + 1 = ?

5 + 4 = ?

1 + 2 = ?

How Many Ring

3 − 1 = ?

7 − 2 = ?

3 − 3 = ?

2 − 3 = ?

5 − 2 = ?

How Many Envelope

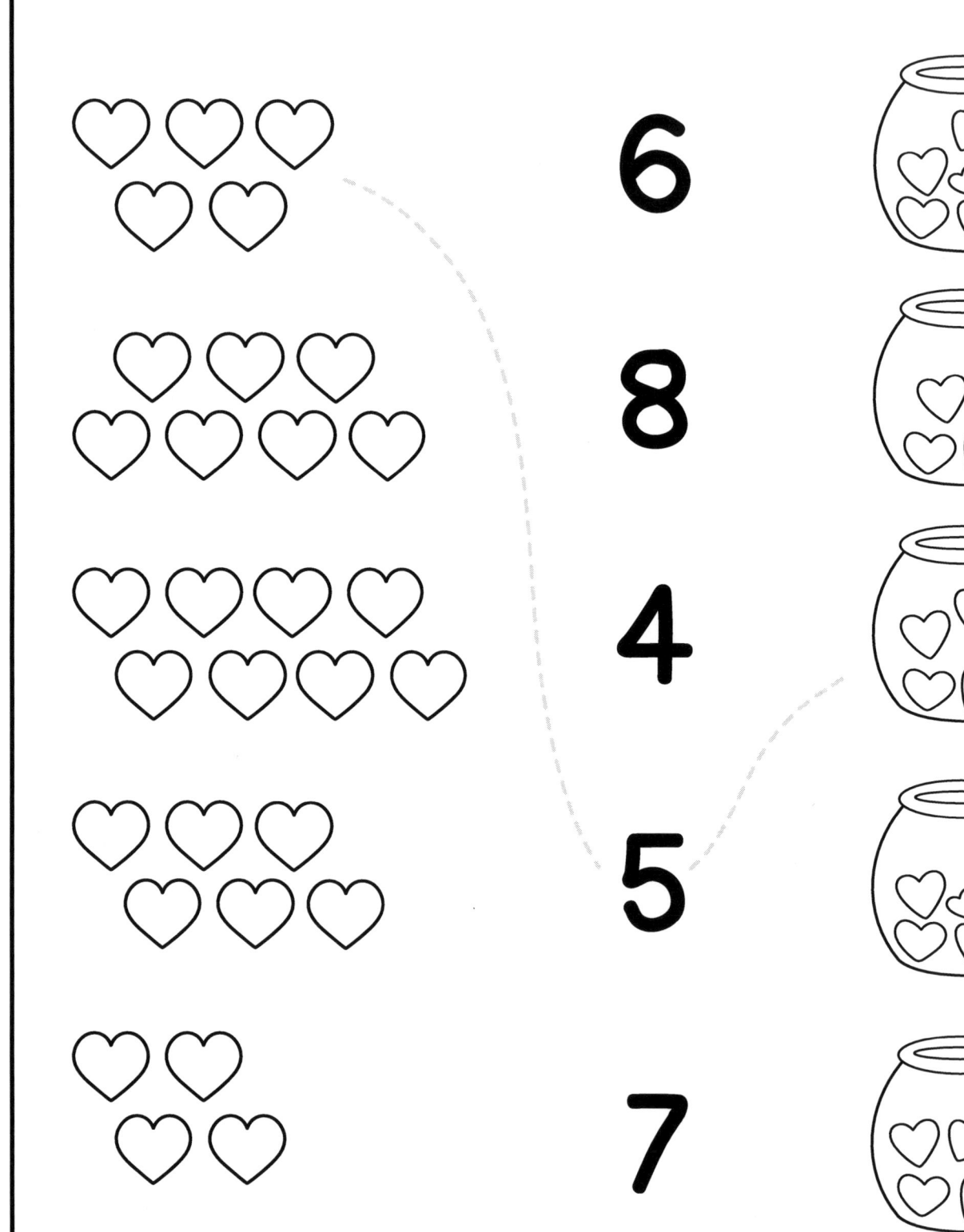

Match The Number

6

8

4

5

7

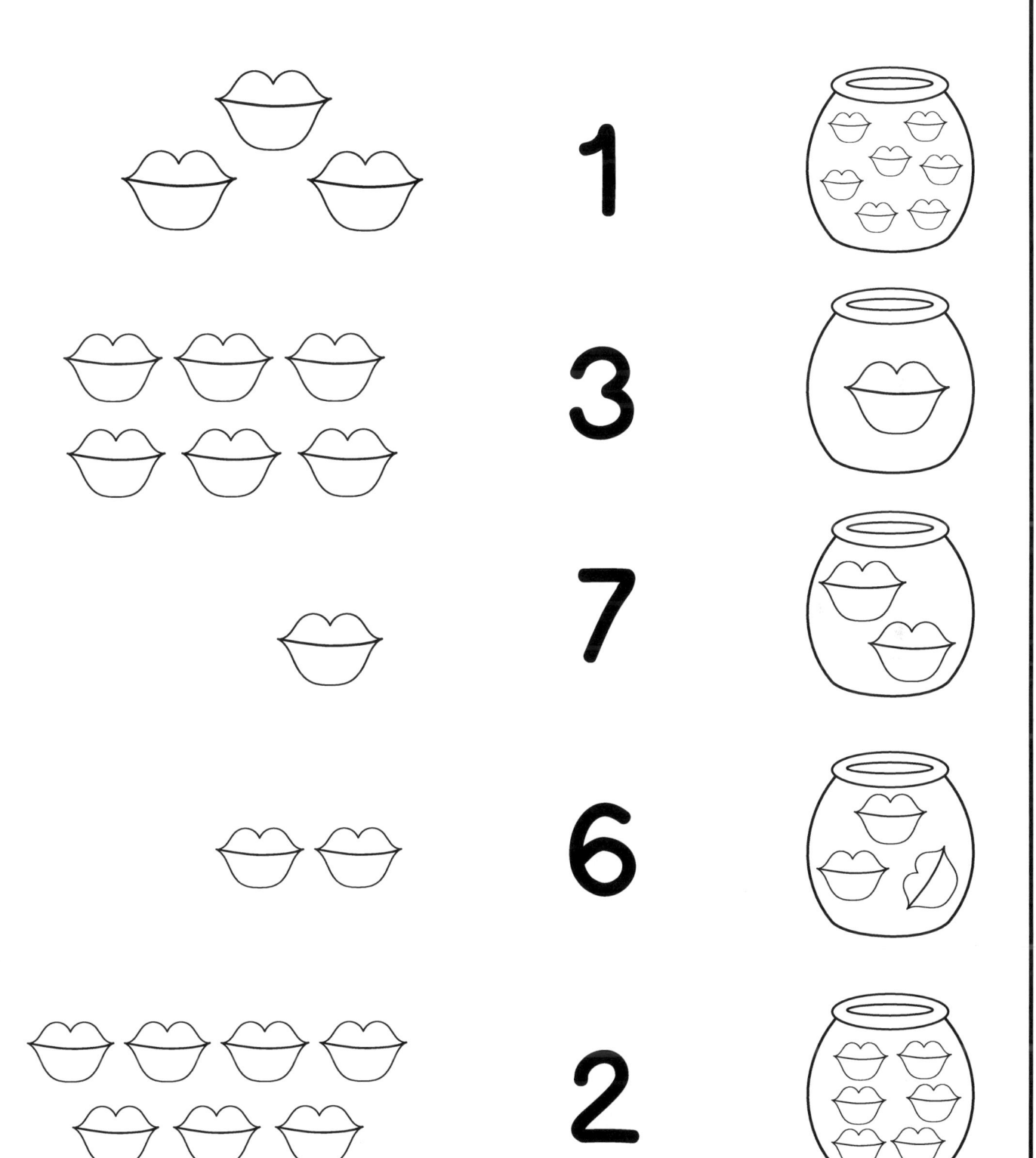

Match The Number

1

3

7

6

2

8

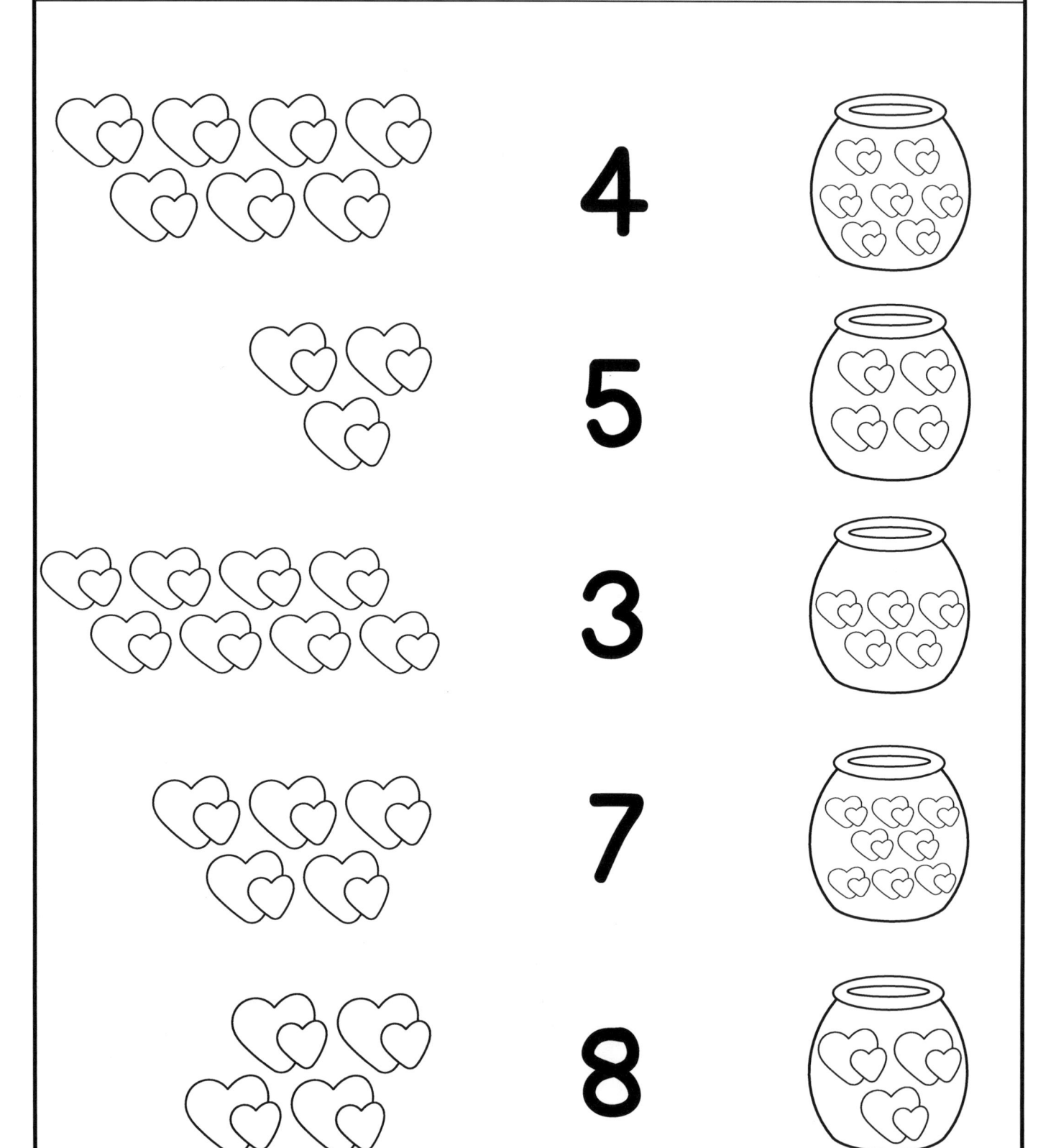

Match The Number

4

5

3

7

8

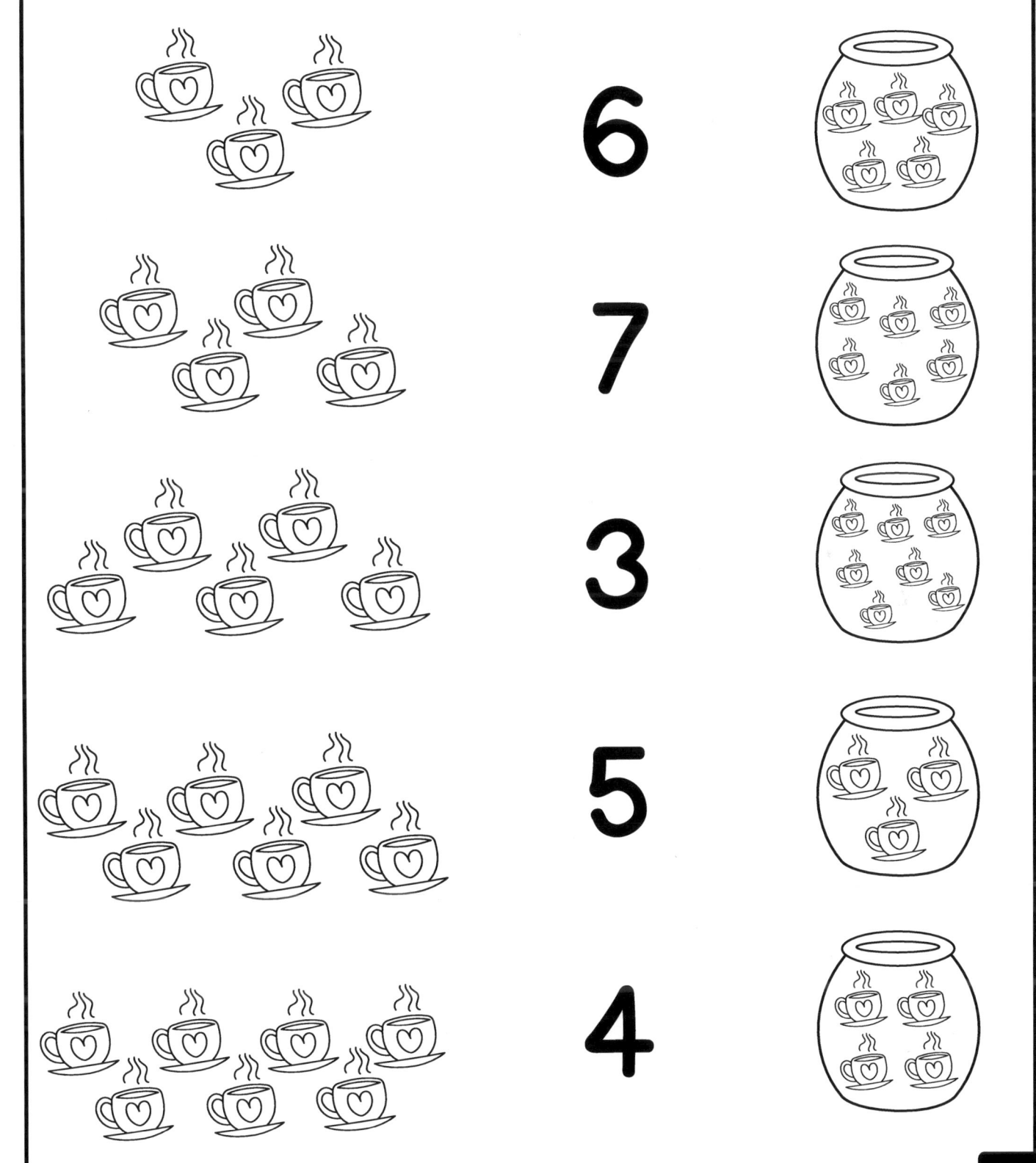

Match The Number

6

7

3

5

4

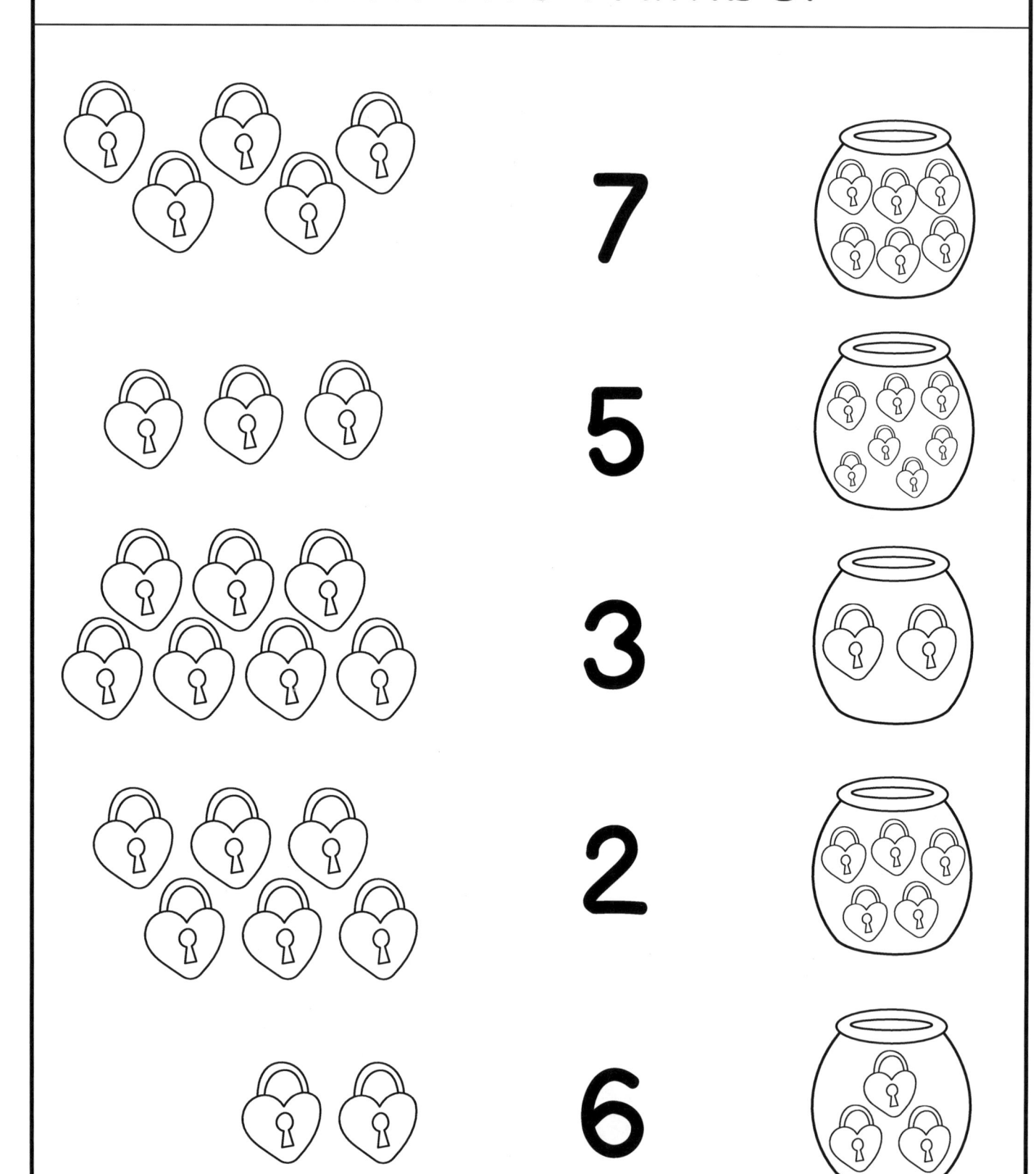

Match The Number

7

5

3

2

6

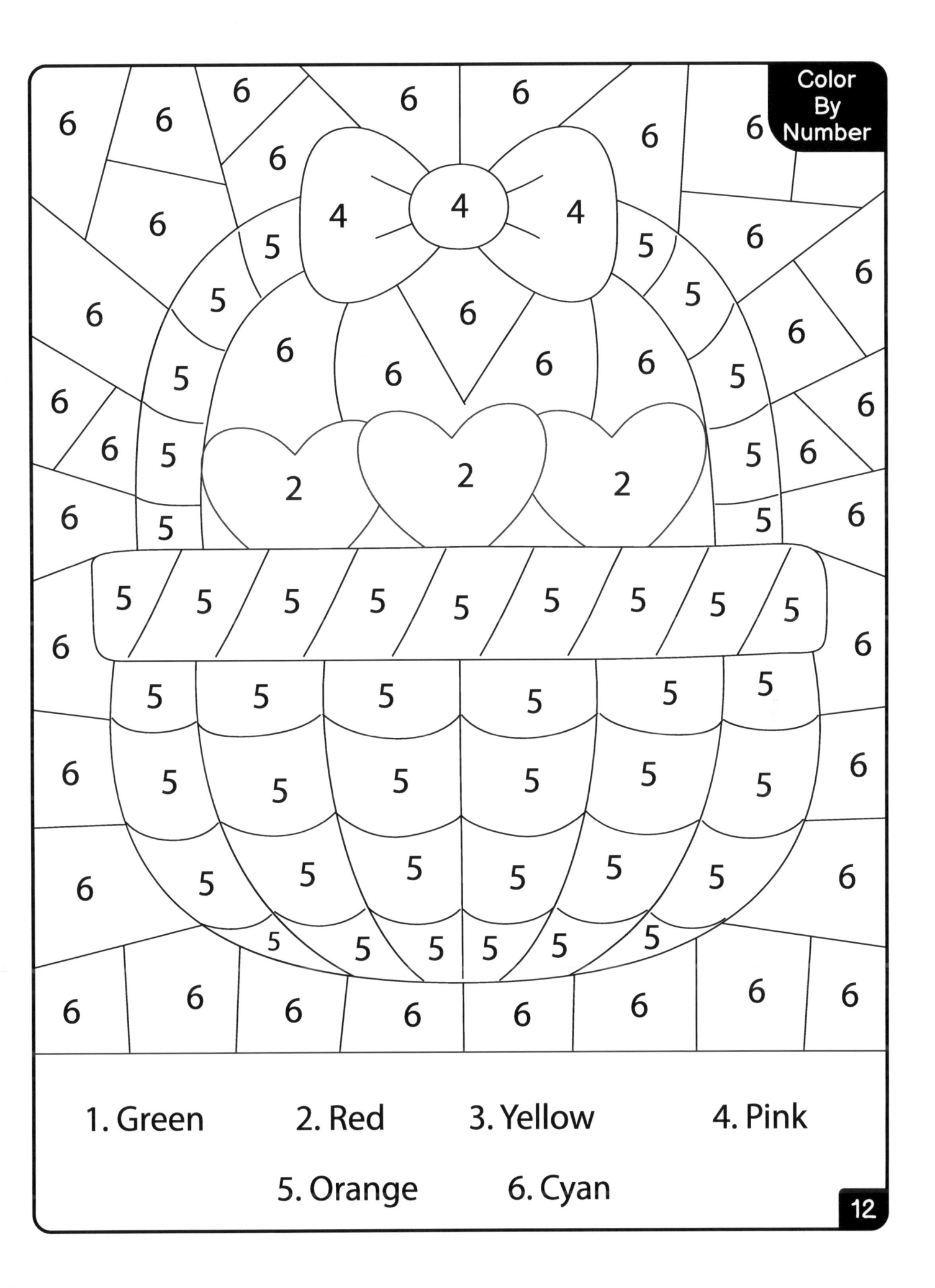

Color By Number

1. Green   2. Red   3. Yellow   4. Pink

5. Orange   6. Cyan

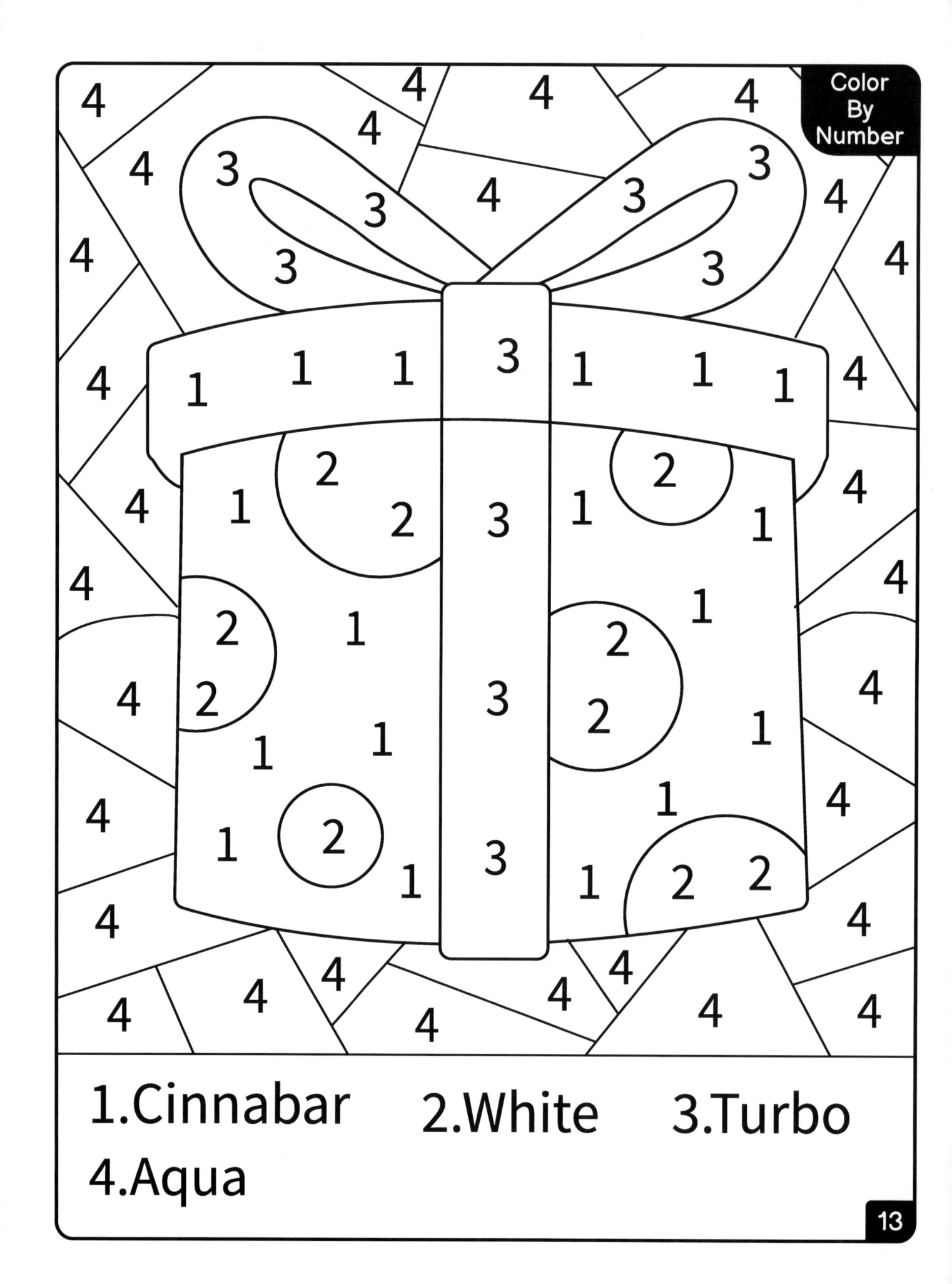

Color By Number

1. Cinnabar   2. White   3. Turbo
4. Aqua

13

Color By Number

1. Orange 2. Brink Pink 3. Lime 4. Coral Tree
5. Yellow 6. Red 7. White 8. Columbia Blue

14

Color By Number

1. Snowy Mint   2. White   3. Rose Bud   4. Riptide
5. Moon Yellow   6. Golden Brown   7. Misty Rose   8. Baby Blue
9. Red

15

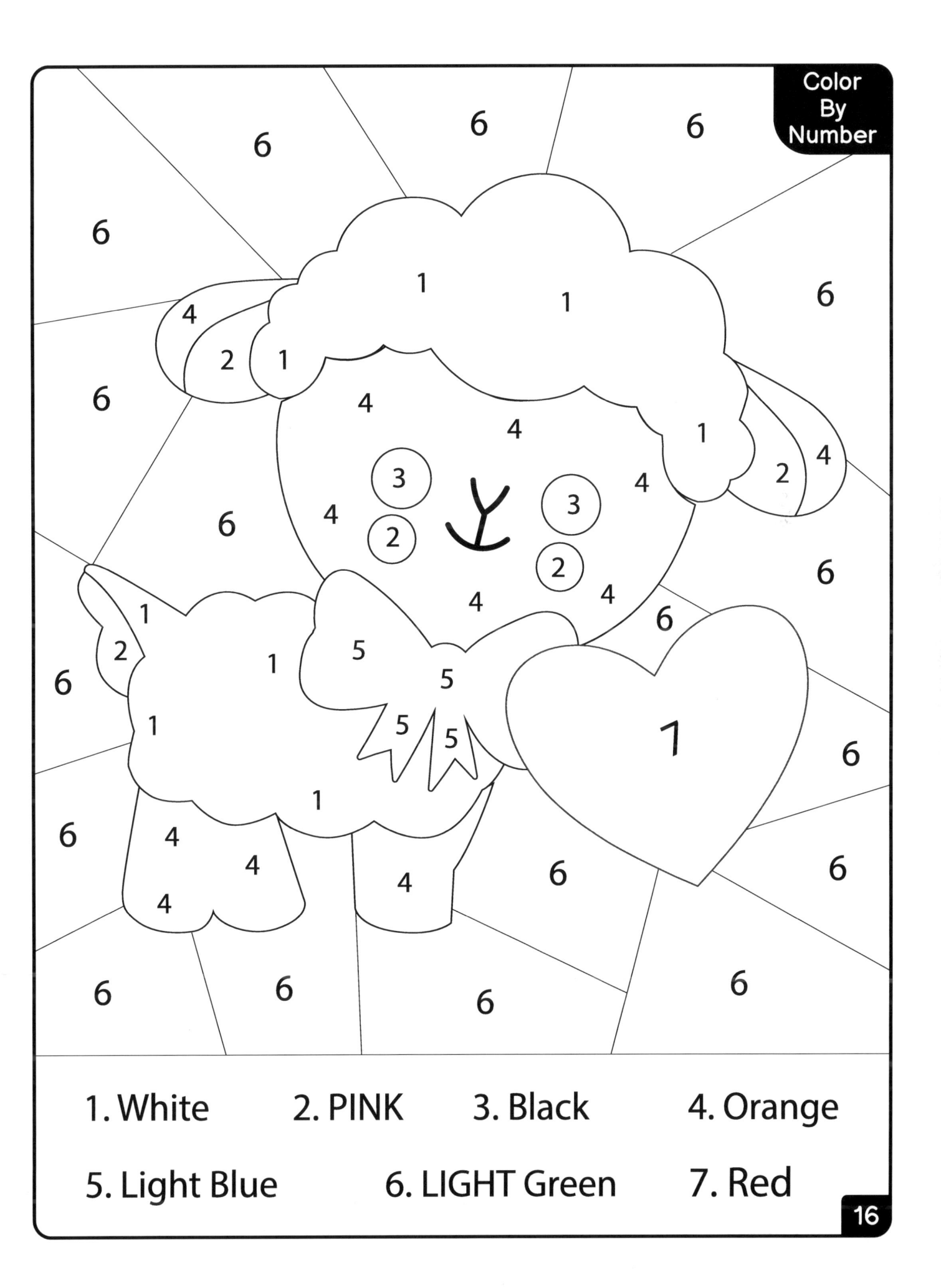

Color By Number

1. White   2. PINK   3. Black   4. Orange

5. Light Blue   6. LIGHT Green   7. Red

DOT MARKERS

DOT MARKERS

DOT MARKERS

DOT MARKERS

DOT MARKERS

DOT TO DOT

22

DOT TO DOT

23

DOT TO DOT

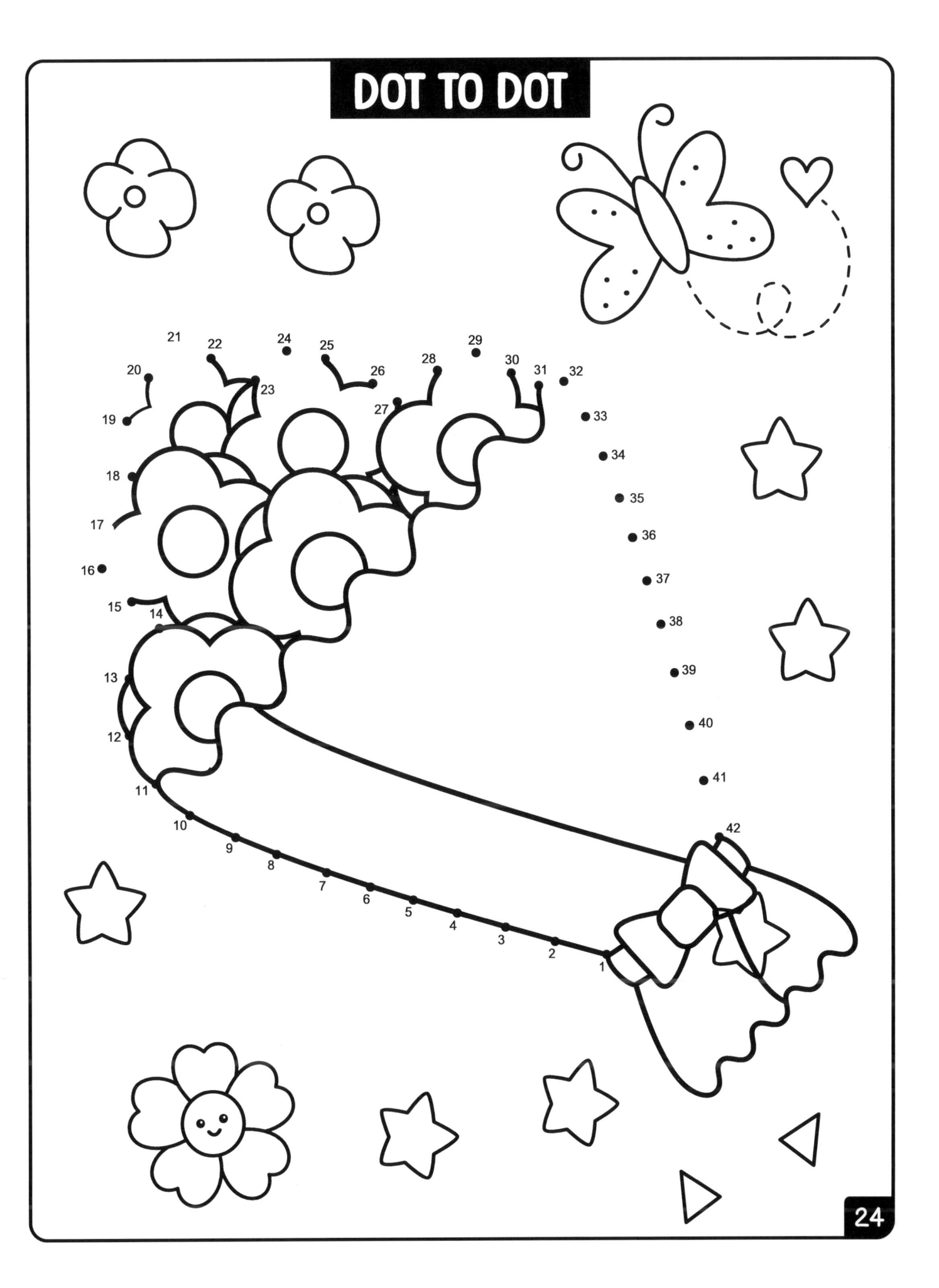

24

DOT TO DOT

25

DOT TO DOT

26

COLORING IT

27

COLORING IT

COLORING IT

COLORING IT

COLORING IT

Match The Correct Shadow By Drawing Line

Match The Correct Shadow By Drawing Line

Match The Correct Shadow By Drawing Line

34

Match The Correct Shadow By Drawing Line

Match The Correct Shadow By Drawing Line

Maze Game #1

Maze Game #2

Maze Game #3

Maze Game #4

40

Maze Game #5

Maze Game Solutions

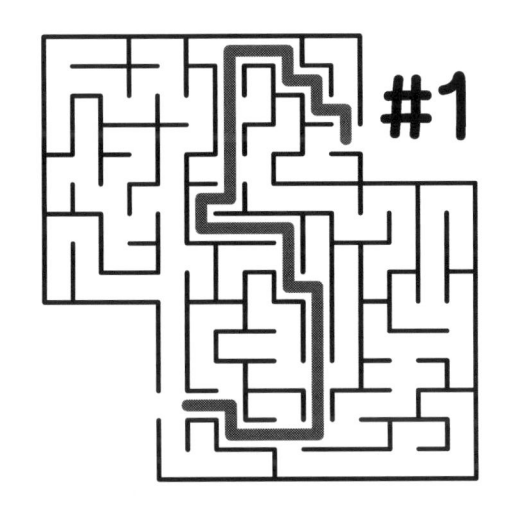

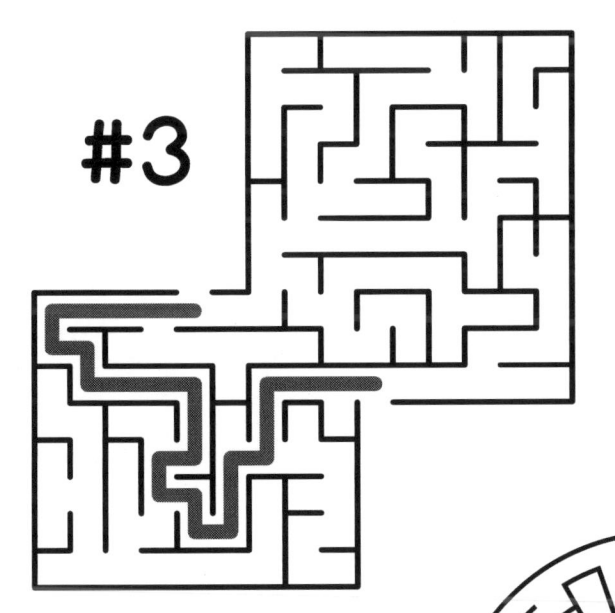

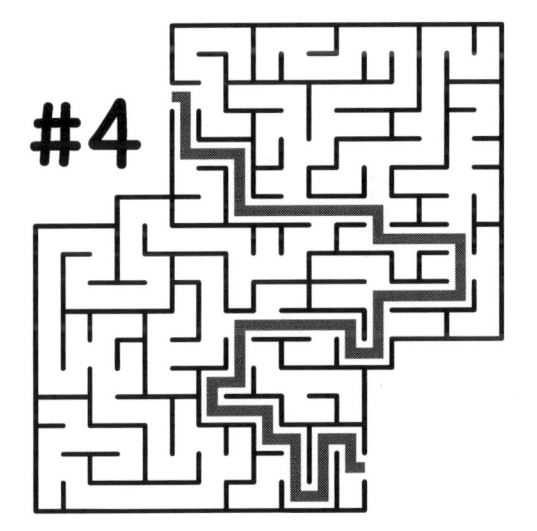

#1

#2

#3

#4

#5

42

Valentine's Day Cards

R	Q	L	W	I	S	H	I	N	G	U	J
G	E	Z	E	C	H	E	R	I	S	H	U
D	C	L	Q	T	P	R	E	V	G	H	F
S	N	E	A	Q	T	G	N	R	S	S	C
R	A	S	Q	T	A	E	E	Z	T	R	A
E	M	O	E	S	I	E	R	R	N	G	C
W	O	C	S	Q	T	O	A	S	Q	U	S
O	R	E	S	I	K	E	N	Q	P	Q	N
L	M	L	N	P	H	I	U	I	O	B	Y
F	Q	G	P	F	R	V	D	R	Z	S	V

WORD LIST

CHERISH
CUPID
ELATION
FLOWERS

GREETING
HEARTS
LETTERS

ROMANCE
WISHING
MESSAGE

43

Heart Crafts

H	D	C	R	A	F	T	I	N	G	P	U
E	V	I	T	A	E	R	C	S	V	A	S
B	T	C	S	H	A	P	E	S	L	T	T
G	V	U	O	W	S	V	N	A	E	T	Y
N	W	T	P	L	A	L	R	X	N	E	L
I	V	T	O	B	O	T	P	K	H	R	I
D	C	I	R	D	W	R	E	E	P	N	S
L	N	N	V	O	E	A	F	Z	G	R	H
O	I	G	R	S	B	U	O	U	T	C	X
F	B	K	S	B	I	R	A	E	L	O	M

WORD LIST

ARTWORK
COLORFUL
CRAFTING
CREATIVE

CUTTING
EXPRESS
FOLDING

SHAPES
STYLISH
PATTERN

Cupid's Arrows

```
S E I E T O E U W P Y N
H F R Q Y N E R W R S S
R Z W E U E M S L E A H
Q W C H K I S S Q C T O
T N H Q I I V L N I N O
C A E V C Z R E L O A T
Z P R G N X Z T R U F I
E E U G E F Y E S S B N
M M B T E A B I S M Z G
W S S C I T N A M O R M
```

WORD LIST

BULLSEYE
CHERUBS
FANTASY
PRECIOUS

QUIVERS
ROMANTIC
SHOOTING

TARGET
WHIZZES
STRIKER

Love Bugs

```
G W B U Z Z I N G R C H
R Z J A F R L V G S U R
I Y C I G L G N T Z D T
N S S R I I I C H N D S
N K L N G S E T S R L M
I X V G S S X R T L E I
N W L I N P O H B E S L
G E K I T L R G F O R I
S L Y T O E N G E E D N
Y T I C K L E S K C S G
```

WORD LIST

BUZZING
COLORS
CUDDLES
FLITTER

GIGGLES
GRINNING
INSECTS

SMILING
TICKLES
KISSING

Valentine's Day Coloring Pages

W	X	Q	G	S	L	Z	P	G	U	O	U
C	P	A	L	E	T	T	E	N	E	P	S
R	L	B	H	H	U	S	Q	I	V	E	P
A	L	O	B	C	Z	Z	V	W	D	R	I
Y	O	T	V	T	L	Y	B	A	I	A	C
O	K	C	J	E	N	J	H	R	R	I	T
N	S	H	G	K	L	S	D	D	A	N	U
S	J	I	O	S	B	Y	E	W	U	B	R
T	N	A	R	B	I	V	H	W	A	O	E
F	C	I	T	S	I	T	R	A	R	W	S

WORD LIST

ARTISTIC
CRAYONS
DRAWING
LOVELY

PALETTE
PICTURES
RAINBOW

SKETCHES
VIBRANT
SHADES

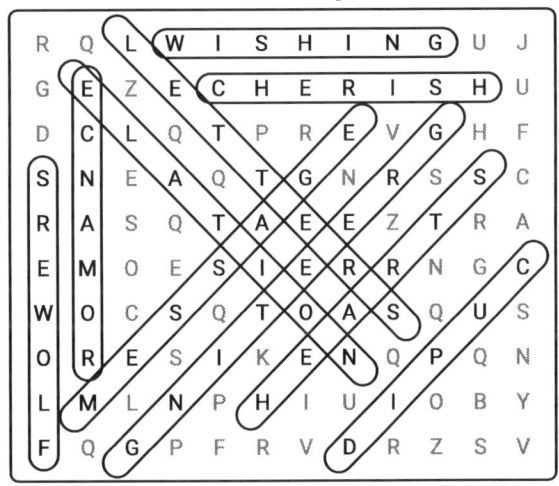

Word Search Solutions

Valentine's Day Cards

Heart Crafts

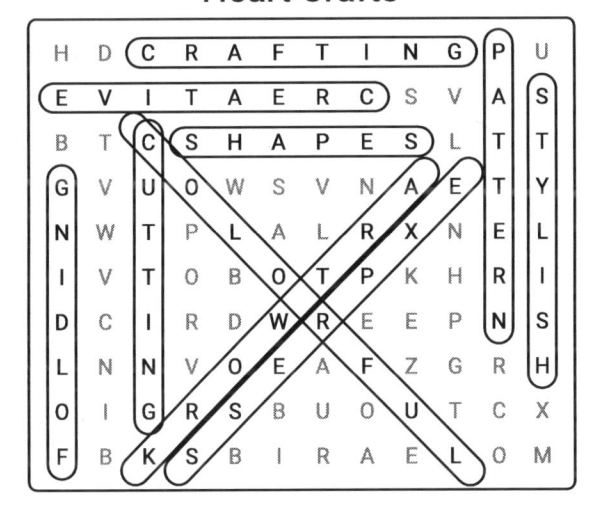

Cupid's Arrows

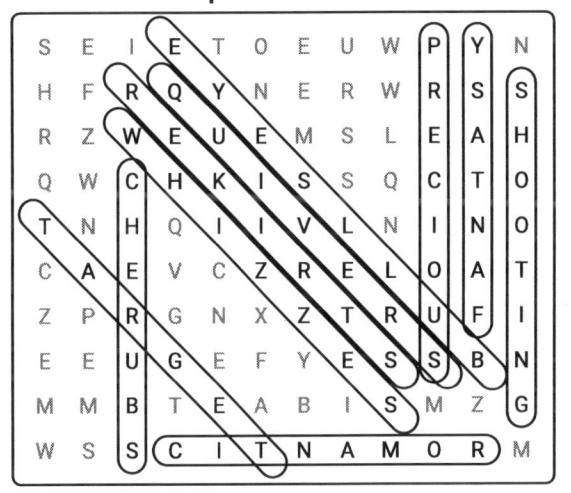

Love Bugs

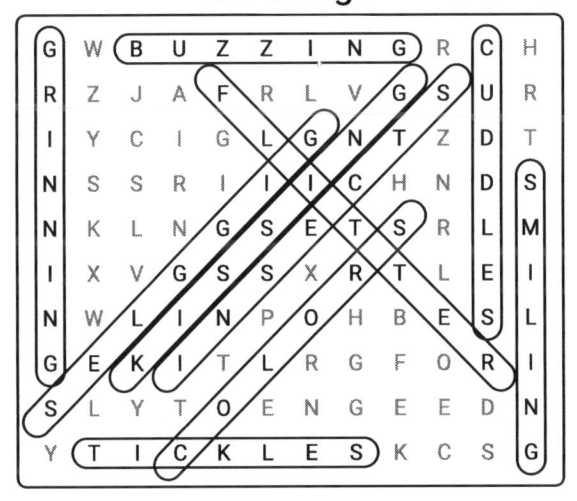

Valentine's Day Coloring Pages

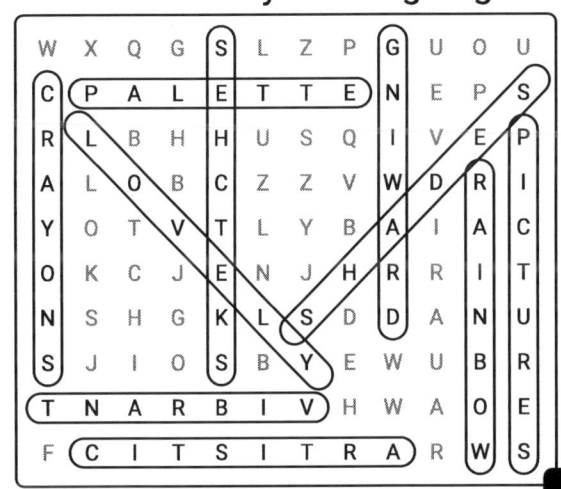

48

Spot The Three Difference

Spot The Three Difference

50

Spot The Three Difference

51

Spot The Three Difference

52

Spot The Three Difference

Spot The Difference Solutions

54

Spot The Difference Solutions

55

Spot The Difference Solutions

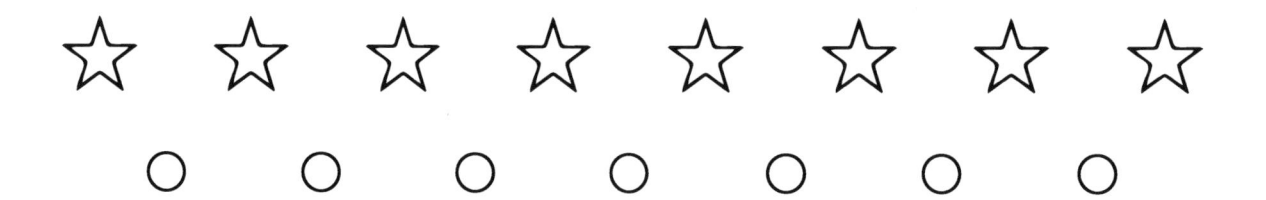

"Thank you for joining the love-filled fun! Your enthusiasm brightens our pages. Wishing you joy and laughter as you explore the world of love through play.
Happy Valentine's Day!"

Made in the USA
Las Vegas, NV
19 January 2025